国家电网有限公司

管理创新

工作指引

国家电网有限公司企业管理协会 编

企业管理出版社
ENTERPRISE MANAGEMENT PUBLISHING HOUSE

图书在版编目（CIP）数据

国家电网有限公司管理创新工作指引/国家电网有限公司企业管理协会编.--北京：企业管理出版社，2019.10

ISBN 978-7-5164-2034-8

Ⅰ.①国… Ⅱ.①国… Ⅲ.①电力工业—工业企业管理—创新管理—中国 Ⅳ.①F426.61

中国版本图书馆CIP数据核字(2019)第215968号

书　　名	国家电网有限公司管理创新工作指引
作　　者	国家电网有限公司企业管理协会
选题策划	帅丹丹
责任编辑	郑　亮　徐金凤
书　　号	ISBN 978-7-5164-2034-8
出版发行	企业管理出版社
地　　址	北京市海淀区紫竹院南路17号　　邮编：100048
网　　址	http://www.emph.cn
电　　话	发行部（010）68701135　编辑部（010）68701190
电子信箱	QYGL2017@163.com
印　　刷	河北宝昌佳彩印刷有限公司
经　　销	新华书店
规　　格	185毫米×260毫米　16开本　4印张　60千字
版　　次	2019年10月 第1版　2019年10月 第1次印刷
定　　价	28.00元

版权所有　翻印必究　·　印装有误　负责调换

编委会

主　　任 江　冰

副 主 任 田晓蕾　　王　锋

委　　员 王　健　李　晶　刘　胜　杨　亮
　　　　　　陈小峰　　陈玉杰

序言

习近平总书记指出，创新是引领发展的第一动力，是建设现代化经济体系的战略支撑。国家电网有限公司作为关系国民经济命脉和国家能源安全的特大型国有重点骨干企业，在国家创新体系中具有重要位置，是国家技术创新、管理创新的"国家队"和"主力军"。

党的十九大以来，国家电网有限公司以习近平新时代中国特色社会主义思想为指导，以"四个革命、一个合作"能源安全新战略为己任，全面贯彻落实党中央、国务院的重大决策部署，从坚持人民电业为人民、服务全面建成小康社会、建设社会主义现代化强国出发，明确了公司"三型两网、世界一流"的战略目标和"一个引领、三个变革"的战略路径，开启了建设世界一流能源互联网企业新征程。

实现"三型两网、世界一流"的战略目标，是一项具有挑战性、开创性的系统工程。面对经济全球化不断加速、市场开放程度迅速扩大，科技进步、技术创新日新月异，公司需要在人才、资金、物资等方面更有效地配置资源，创新体制机制，再造管理流程，夯实管理基础，激发广大干部员工干事创业的热情，凝聚做强、做优、做大的磅礴力量。

管理创新是企业保持活力、推动公司发展的根源，是事关公司发展的全局性、基础性工作，是一项长期的战略任务。管理创新要适应公司发展的新战略和新目标，实现创新方向更加精准、路径选择更加科学、管理更加有效、资源配置更加合理、体制机制更加完善、环境氛围更加浓郁、创新能力显著增强，不断研究、积极探索"三型两网、世界一流"背景下的管理创新实践与模式，不断提升管理创新水平。

《国家电网有限公司管理创新工作指引》采用纲要式、词条式的形式，利用图文结合的方式，简洁明了、直观形象，便于职工理解掌握，旨在帮助广大干部职工了解公司管理创新的总体要求，明确工作任务，借鉴典型经验，有效激发管理创新中"人"的能动性，促进大众创业、万众创新的良好氛围，不断提升创新能力，更好发挥在推动公司高质量发展中的积极作用，在建设具有全球竞争力的世界一流能源互联网企业征程中，创造新辉煌，续写新篇章。

2019年8月17日

目录

01–06
公司发展战略核心要义

07–10
企业管理创新基本概念

11–16
公司管理创新总体思路

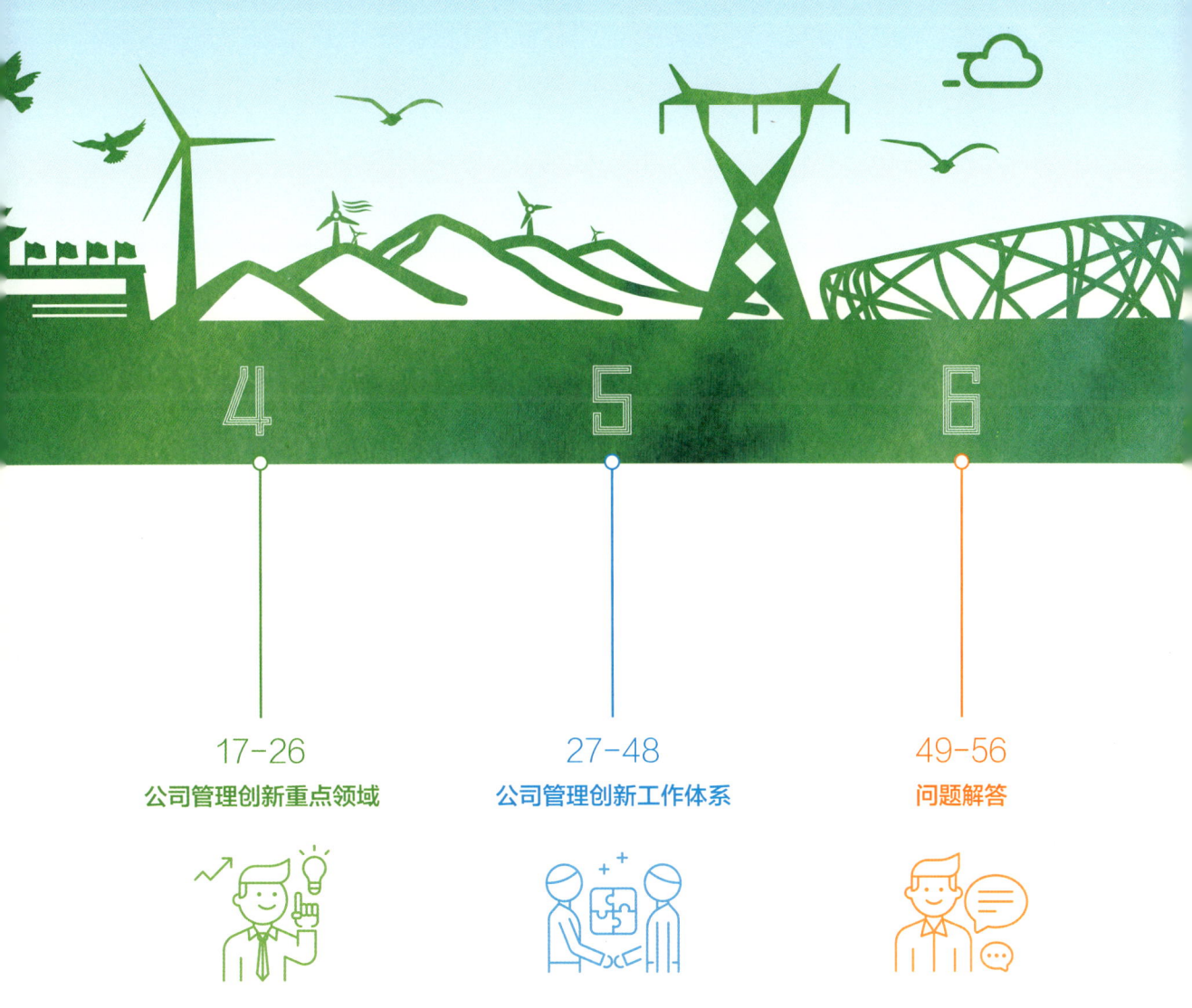

4
17-26
公司管理创新重点领域

5
27-48
公司管理创新工作体系

6
49-56
问题解答

1 公司发展战略核心要义

战略目标

推进"三型两网"建设，打造具有全球竞争力的世界一流能源互联网企业。

"三型两网、世界一流"战略目标

能源互联网

以电为中心，以坚强智能电网为基础平台，以泛在电力物联网为支撑，深度融合先进能源技术、现代通信技术和控制技术，实现多能互补、智能互动、泛在互联的智慧能源网络。

能源互联网是现代电网的高级形态，代表未来电网发展的趋势和方向。能源互联网是坚强智能电网与泛在电力物联网的深度融合，是**能源流**、**业务流**、**数据流**"三流合一"的信息物理系统。能源互联网是能源领域全要素、全产业链、全价值链全面连接的新型价值创造平台和生态体系，是工业互联网在能源领域的具体实现形式。

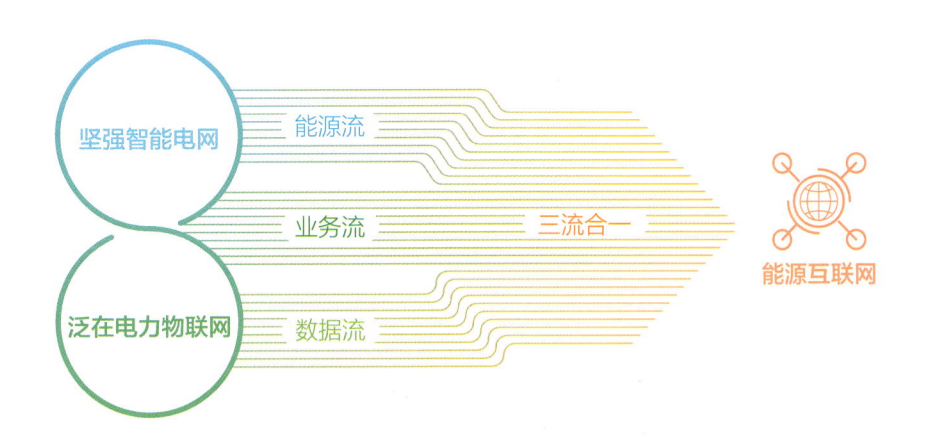

三型两网

枢纽型、平台型、共享型是能源互联网的基本特征。"三型"企业，是建设世界一流能源互联网企业的重要抓手。

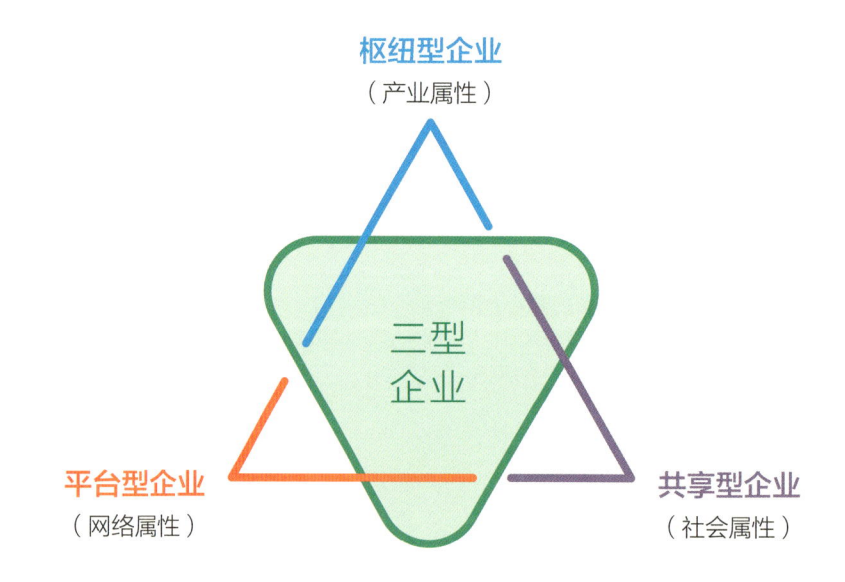

枢纽型企业
（产业属性）

三型企业

平台型企业
（网络属性）

共享型企业
（社会属性）

建设运营好**坚强智能电网**和**泛在电力物联网**（即"**两网**"），是建设世界一流能源互联网企业的重要物质基础。

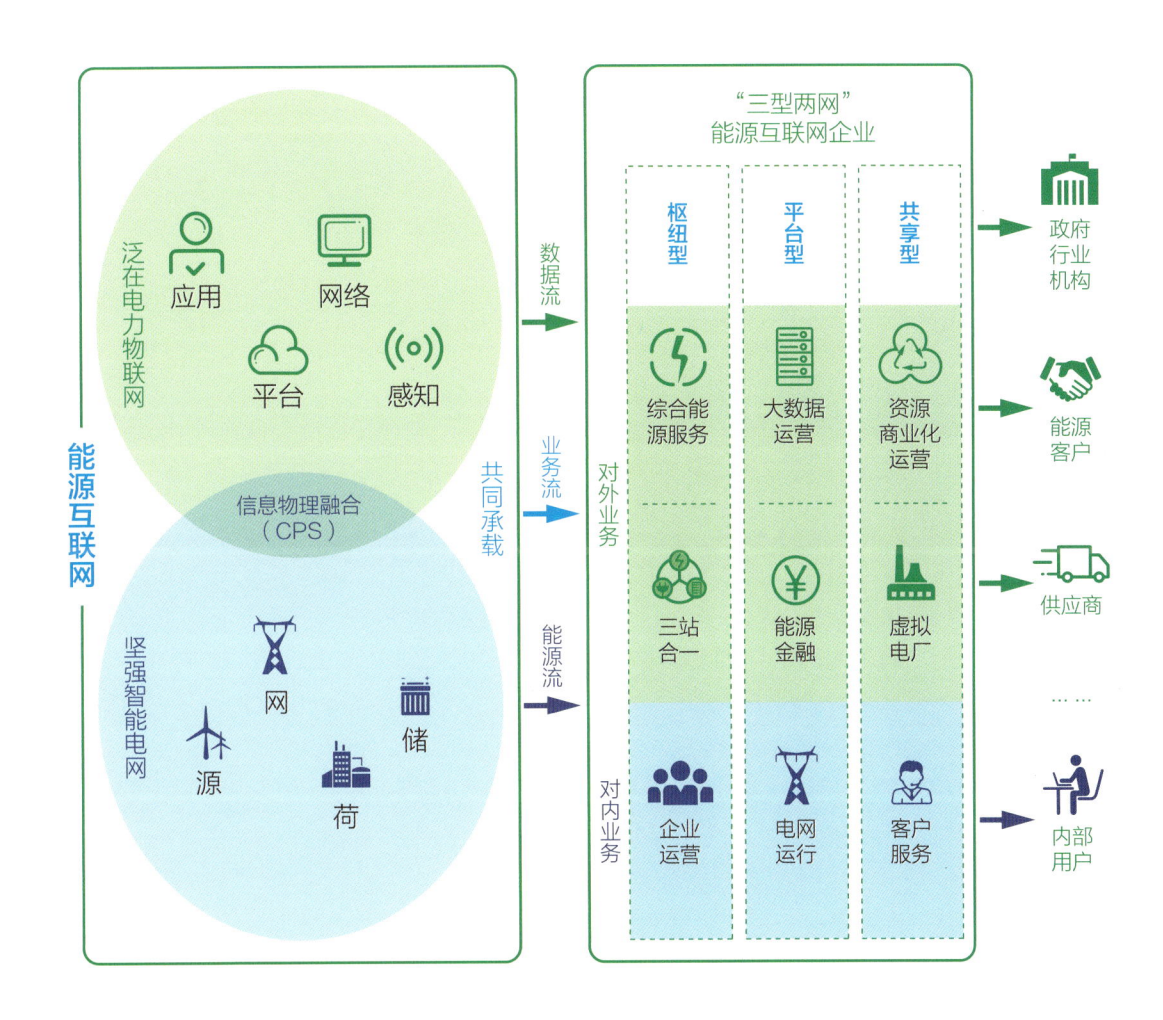

> 创新是一个民族进步的灵魂，是一个国家兴旺发达的不竭动力，也是中华民族最深沉的民族禀赋。在激烈的国际竞争中，惟创新者进，惟创新者强，惟创新者胜。
>
> ——2013年10月21日，习近平在欧美同学会成立100周年庆祝大会上的讲话

泛在电力物联网总体架构

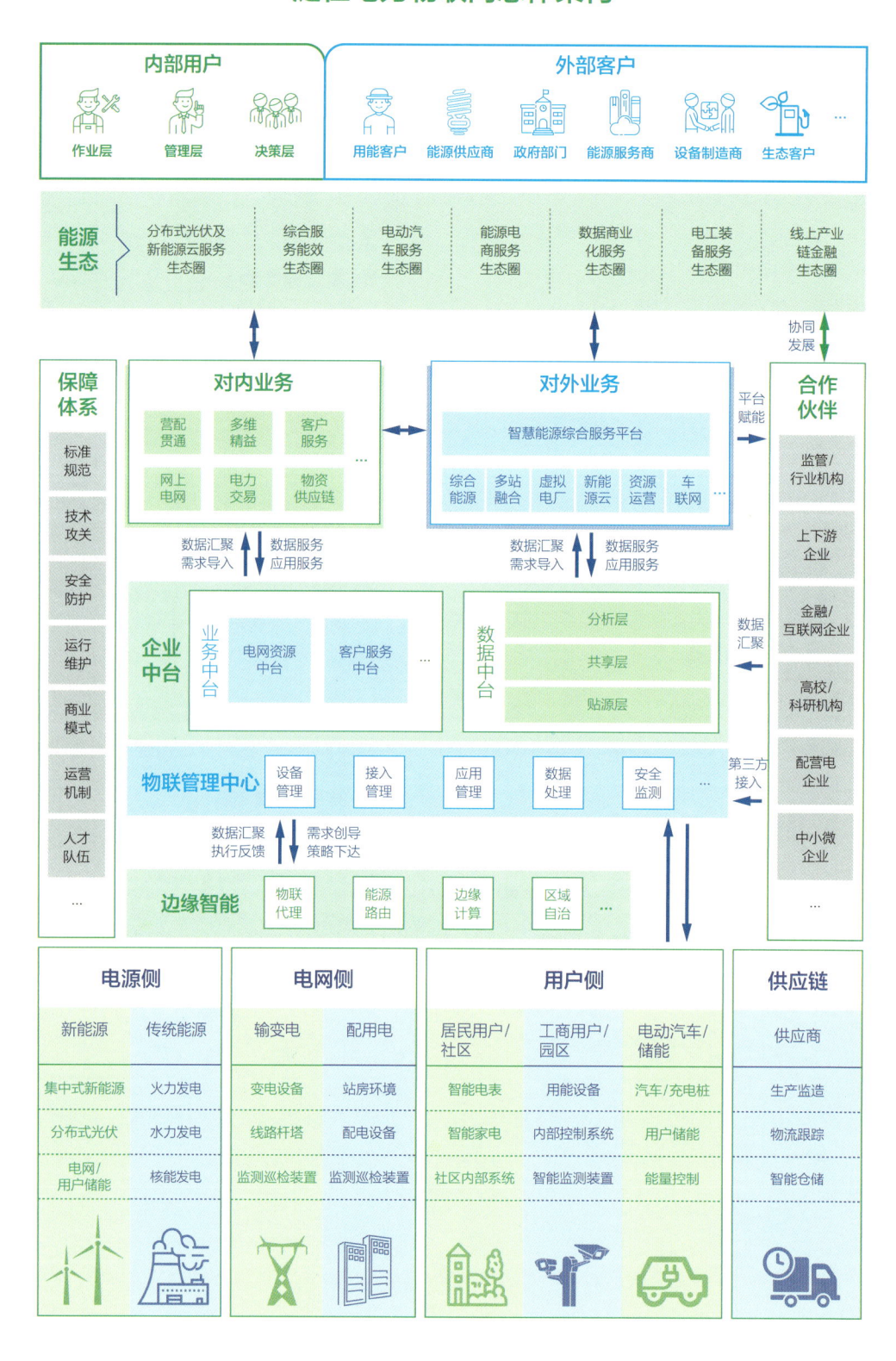

内部用户
- 作业层
- 管理层
- 决策层

外部客户
- 用能客户
- 能源供应商
- 政府部门
- 能源服务商
- 设备制造商
- 生态客户
- ...

能源生态
- 分布式光伏及新能源云服务生态圈
- 综合服务能效生态圈
- 电动汽车服务生态圈
- 能源电商服务生态圈
- 数据商业化服务生态圈
- 电工装备服务生态圈
- 线上产业链金融生态圈

保障体系
- 标准规范
- 技术攻关
- 安全防护
- 运行维护
- 商业模式
- 运营机制
- 人才队伍
- ...

对内业务
- 营配贯通
- 多维精益
- 客户服务
- 网上电网
- 电力交易
- 物资供应链
- ...

对外业务
智慧能源综合服务平台
- 综合能源
- 多站融合
- 虚拟电厂
- 新能源云
- 资源运营
- 车联网

合作伙伴
- 监管/行业机构
- 上下游企业
- 金融/互联网企业
- 高校/科研机构
- 配售电企业
- 中小微企业
- ...

（协同发展、平台赋能、数据汇聚、第三方接入）

企业中台
- 业务中台
- 电网资源中台
- 客户服务中台
- ...

数据中台
- 分析层
- 共享层
- 贴源层

（数据汇聚需求导入 / 数据服务应用服务）

物联管理中心
- 设备管理
- 接入管理
- 应用管理
- 数据处理
- 安全监测
- ...

（数据汇聚执行反馈 / 需求创导策略下达）

边缘智能
- 物联代理
- 能源路由
- 边缘计算
- 区域自治

电源侧
新能源	传统能源
集中式新能源	火力发电
分布式光伏	水力发电
电网/用户储能	核能发电

电网侧
输变电	配用电
变电设备	站房环境
线路杆塔	配电设备
监测巡检装置	监测巡检装置

用户侧
居民用户/社区	工商用户/园区	电动汽车/储能
智能电表	用能设备	汽车/充电桩
智能家电	内部控制系统	用户储能
社区内部系统	智能监测装置	能量控制

供应链
- 供应商
- 生产监造
- 物流跟踪
- 智能仓储

世界一流

瞄准世界一流，是建设世界一流能源互联网企业的中心目标。打造世界一流，关键是提升企业全球竞争力。

在国际资源配置中占主导地位、引领全球行业技术发展、在全球产业发展中具有话语权和影响力的领军企业。到2021年，电网优化配置资源能力要保持全球领先，初步建成泛在互联网架构，形成多项能源互联网领域的重大原创性成果，累计发起和主导制定国家标准超过**80**项，在能源清洁低碳转型和基于能源互联网的商业模式创新方面形成引领态势。

三个领军

三个领先

三个典范

世界一流

在全要素生产率和劳动生产率等效率指标、净资产收益和资本保值增值率等效益指标、提供优质产品和服务等方面的领先企业。到2021年，保持《财富》世界500强企业排名前列，国际业务利润超过**160**亿美元，劳动生产率超过**100**万元/人天，核心城市供电可靠率达世界先进水平。

在践行新发展理念、履行社会责任、拥有全球知名品牌形象的典范企业。到2021年，初步建成中国特色现代化国有企业制度，在污染防治、精准扶贫和乡村振兴中发挥突出作用，成为中国企业履行社会责任的标杆，"国家电网"品牌价值位居世界前列。

2 企业管理创新基本概念

管理创新基本概念

经济学家约瑟夫·熊彼特于1912年首次提出了"创新"的概念。

创新是指以独特的方式综合各种思想或在各种思想之间建立起独特联系的能力。企业管理创新是指根据企业内、外部环境的变化，把新的管理要素（如新的管理方法、新的管理手段、新的管理模式等）或要素组合引入组织管理系统，以更加有效地实现组织目标的创新活动。

管理

定义
对组织的有限资源进行有效整合，以达成既定目标与责任的动态创造性过程。

管理活动的特性
动态性　科学性　艺术性
创造性　经济性

创新

定义
在人类物质文明、精神文明等一切领域，一切层面上淘汰落后的思想、事物，创造先进的、有价值的思想和事物的活动过程。

创新活动包括
技术创新 | 管理创新 | 商业模式创新

> 综合国力竞争说到底是创新的竞争。要深入实施创新驱动发展战略，推动科技创新、产业创新、企业创新、市场创新、产品创新、业态创新、管理创新等，加快形成以创新为主要引领和支撑的经济体系和发展模式。
>
> ——2015年5月27日，习近平在华东七省市党委主要负责同志座谈会上的讲话

管理创新维度

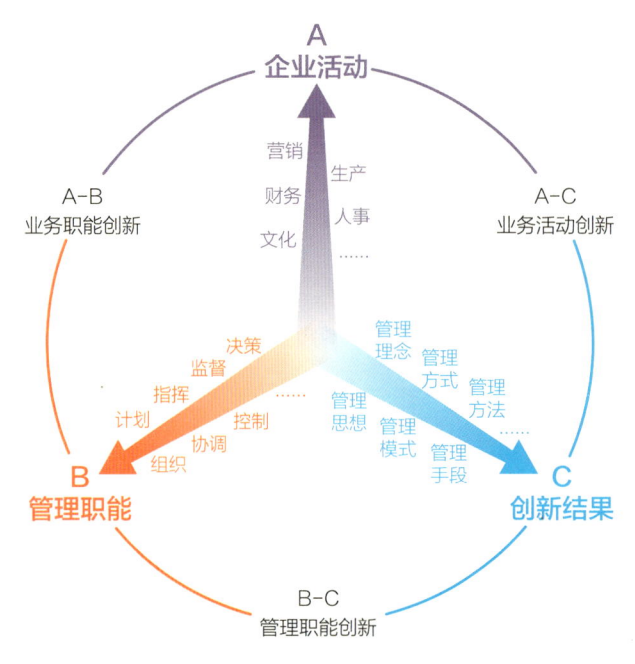

A 企业活动
- 营销
- 生产
- 财务
- 人事
- 文化
- ……

A-B 业务职能创新

A-C 业务活动创新

B 管理职能
- 决策
- 监督
- 指挥
- 计划
- 协调
- 控制
- 组织

C 创新结果
- 管理理念
- 管理方式
- 管理方法
- 管理思想
- 管理模式
- 管理手段
- ……

B-C 管理职能创新

管理创新属性

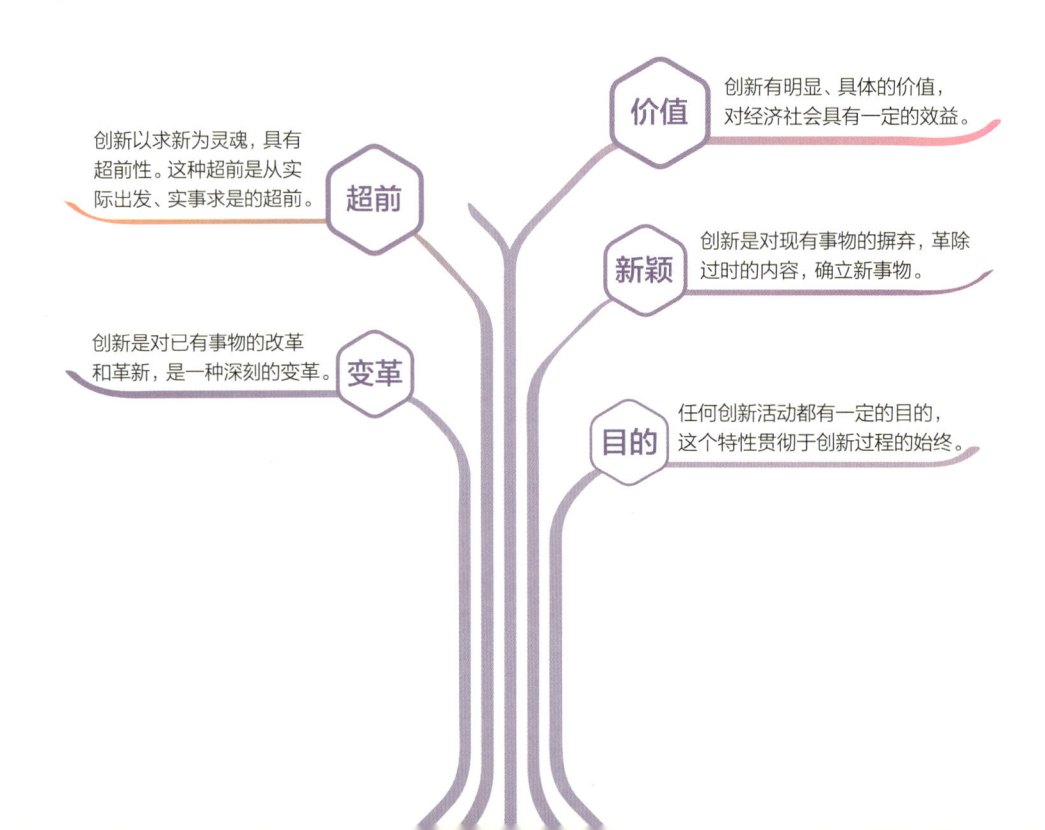

价值：创新有明显、具体的价值，对经济社会具有一定的效益。

超前：创新以求新为灵魂，具有超前性。这种超前是从实际出发、实事求是的超前。

新颖：创新是对现有事物的摒弃，革除过时的内容，确立新事物。

变革：创新是对已有事物的改革和革新，是一种深刻的变革。

目的：任何创新活动都有一定的目的，这个特性贯彻于创新过程的始终。

管理创新工具

管理创新工具是解决创新问题的钥匙，掌握并应用创新方法对于创新主体认识创新对象、制订创新目标、确定创新步骤、完成创新任务、提高创新效率具有重要意义。

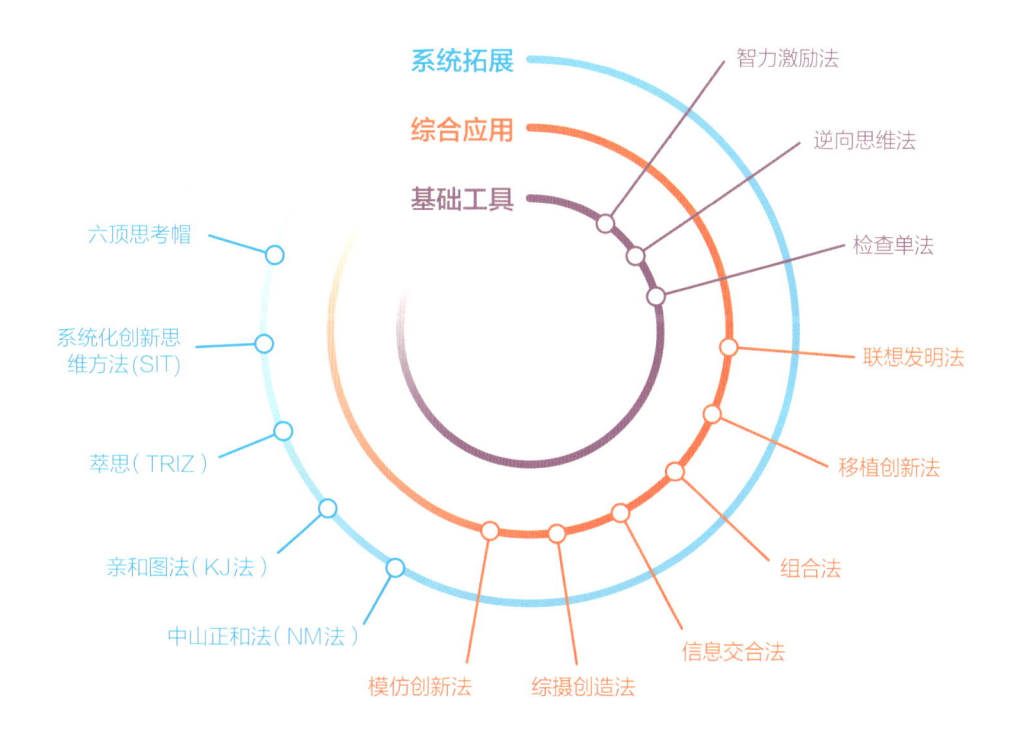

系统拓展
- 六顶思考帽
- 系统化创新思维方法(SIT)
- 萃思(TRIZ)
- 亲和图法(KJ法)
- 中山正和法(NM法)

综合应用
- 模仿创新法
- 综摄创造法
- 信息交合法
- 组合法
- 移植创新法
- 联想发明法

基础工具
- 智力激励法
- 逆向思维法
- 检查单法

> 创新是引领发展的第一动力，抓创新就是抓发展，谋创新就是谋未来。
> ——2015年3月，习近平在十二届全国人大三次会议上海代表团审议时的讲话

公司管理创新总体思路

发展历程

公司高度重视管理创新，将管理创新作为实现企业发展和管理提升的重要抓手，2002年以来按照国家层面相关部署和企业发展内生动力要求，循序渐进地推进管理创新工作，在探索中发展，在发展中总结，主要可以分为：**自主自发**、**统一部署**、**体系建立**、**持续发展**、**全面深化** 五个阶段。

2002—2008年 自主自发

围绕管理方面的问题，各部门、单位自主开展创新活动。

2009—2011年 统一部署

公司统一部署管理创新工作，明确归口部门职责，初步建立管理创新机制。

2012—2013年 体系建立

央企首发《管理创新指引》，第一次构建了系统完整的公司管理创新体系，标志着公司管理创新工作进入制度化、规范化、全员化的新阶段。

2014—2018年 持续发展

发布《管理创新工作管理办法》，实施"管理创新示范工程""管理创新推广工程"，有效地推动了管理创新成果落地应用，公司管理创新工作逐步走向成熟。

2019至今 全面深化

以公司"三型两网、世界一流"战略目标为引领，更加注重管理创新与公司重点工作的全面融合，结合"放管服"要求，统筹公司各层级、专业开展管理创新实践，更好发挥管理创新对公司新时代战略的重要支撑作用。

重要意义

贯彻习近平新时代中国特色社会主义思想的重要手段

习近平新时代中国特色社会主义思想对创新驱动发展提出明确要求，为公司事业发展指明了方向。实现"两个一百年"奋斗目标，要求公司贯彻落实"四个全面"战略布局、牢固树立"五大发展理念"，更加注重内涵式发展，将发展基点放在创新上，发挥管理创新在公司高质量发展中的重要作用。

服务"三型两网、世界一流"战略目标的内在需要

按照建设具有全球竞争力的世界一流能源互联网企业的目标要求和"三个领军""三个领先""三个典范"的建设标准，全面变革企业组织机构、业务模式、管理制度、运作机制，促进各类资源集约高效利用，推动公司持续做强、做优、做大，实现更高质量、更有效益、更可持续的发展。

落实全面深化改革实现创新驱动的客观要求

国资国企、电力体制改革全面实施，给公司发展定位、业务布局带来深刻影响，要求公司抓住历史机遇，主动作为，把改革与管理变革有机联系起来，发挥管理创新的重要作用，转变运营机制，完善现代企业制度，不断提升安全质量、效率效益和优质服务水平。

引领能源发展
构建能源互联网的必要条件

贯彻落实习近平总书记关于"四个革命、一个合作"能源安全战略重要论述，控制能源消费总量，推动能源电力清洁化转型，要求公司加快特高压骨干网架、智能电网、泛在电力物联网建设，推进管理创新与科技创新的全面协同，提升大电网安全管控能力，抢占全球能源变革和能源互联网发展制高点。

发挥央企表率作用
形成公司管理创新模式的自觉行动

将管理创新融入企业运营管理，从战略、组织、资源、体制、机制、制度、保障等方面对创新理念、能力、行为和绩效进行全方位管理是形成公司管理创新模式，提升公司核心竞争力，充分发挥中央企业"国家队"和"大国重器"作用的自觉行动。

顺应全球企业治理发展
打造现代化企业管理模式的必然选择

公司建设世界一流企业，培育强大的国际经营能力和市场开拓能力，需要公司适应国际化发展要求，优化国际业务组织结构，提升国际业务管控水平，形成强大的全球资源配置能力和资本运作能力，实现打造世界一流企业。

指导思想

以公司战略引领管理创新，以管理创新激发创新实践，以创新实践驱动创新发展。对照"三个领军""三个领先""三个典范"世界一流示范企业标准，紧紧围绕"三型两网、世界一流"战略目标，更新管理理念，完善创新体系，统筹创新资源，优化实施模式，深化成果推广，丰富创新手段，推进创新实践，充分发挥管理创新前瞻性、推动性作用，服务"三型两网"世界一流能源互联网企业建设。

总体目标

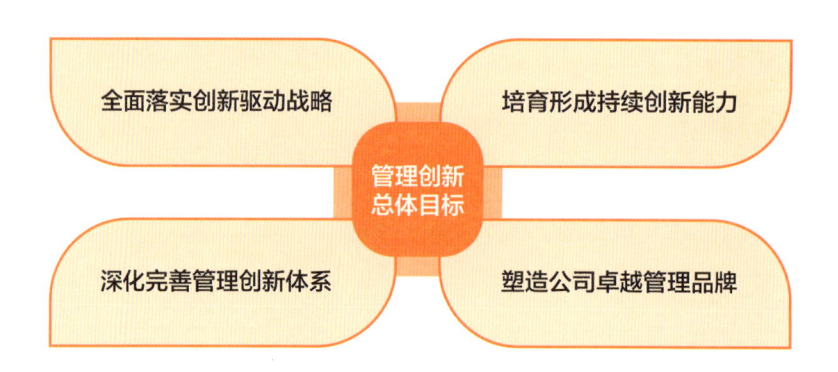

- 全面落实创新驱动战略
- 培育形成持续创新能力
- 深化完善管理创新体系
- 塑造公司卓越管理品牌

管理创新总体目标

工作要求

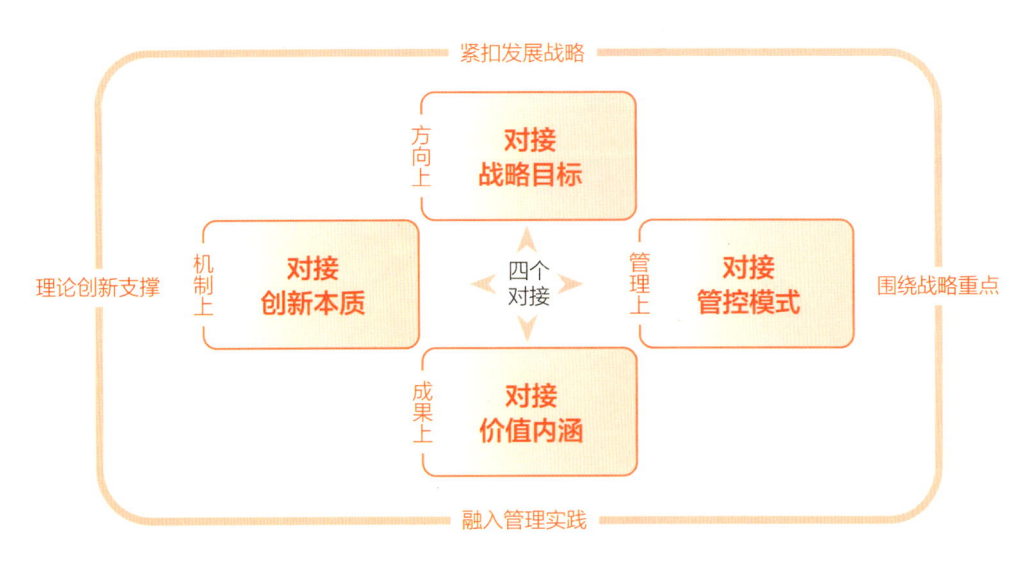

```
                    紧扣发展战略
                ┌──────────────────┐
                │    方向上  对接    │
                │         战略目标   │
                │                  │
  理论创新支撑   │ 机  对接   四个   对接  │ 围绕战略重点
                │ 制  创新本质 对接 管控模式 │
                │ 上                管理上 │
                │         对接     │
                │   成果上 价值内涵  │
                └──────────────────┘
                    融入管理实践
```

四个对接：
- 方向上：对接战略目标
- 管理上：对接管控模式
- 机制上：对接创新本质
- 成果上：对接价值内涵

外围：紧扣发展战略、围绕战略重点、融入管理实践、理论创新支撑

基本特征

```
              战略创新引领
    循序渐进提升            自上而下推进
  ┌────────────────────────────────┐
  │ 管理创新实践  定位：全面落实创新驱动战略  管理创新体系 │
  │ ·更新管理理念  以管理创新驱动可持续发展  ·促进能力提升 │
全 │ ·变革管理模式                    ·促使要素协调 │ 变
面 │ ·调整组织结构    "三型两网、世界一流"    ·服务战略实施 │ 革
创 │ ·整合资源配置                    ·一体化创新管 │ 创
新 │ ·优化工作流程  愿景：领先的企业级管理创新   理体系    │ 新
覆 │ ·完善标准制度  让追求卓越成为一种习惯              │ 驱
盖 │ ·提升整体效率                              │ 动
  └────────────────────────────────┘
    规范有效管理            全面系统组织
              实践创新落实
```

4 公司管理创新重点领域

管理创新重点领域

根据"三型两网、世界一流"战略目标，明确公司管理创新重点领域。

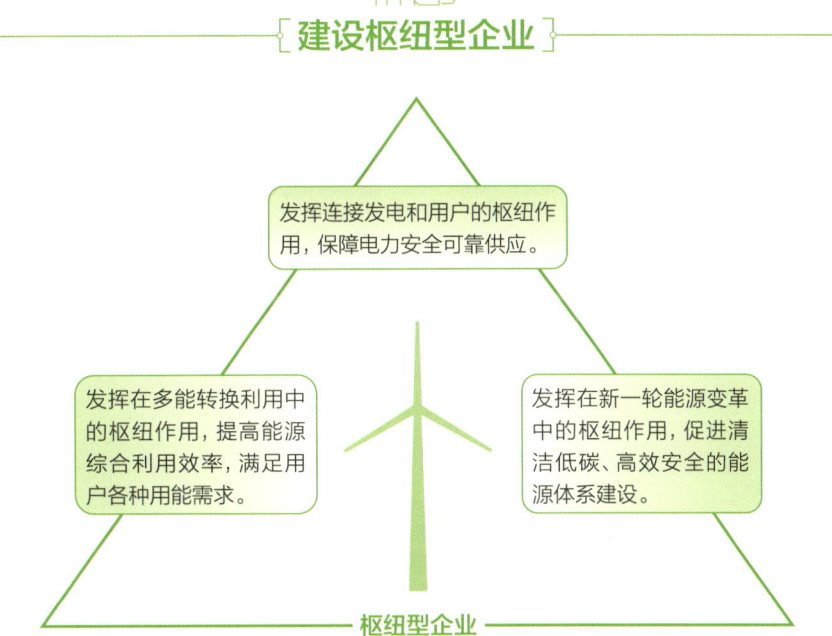

[建设枢纽型企业]

发挥连接发电和用户的枢纽作用，保障电力安全可靠供应。

发挥在多能转换利用中的枢纽作用，提高能源综合利用效率，满足用户各种用能需求。

发挥在新一轮能源变革中的枢纽作用，促进清洁低碳、高效安全的能源体系建设。

枢纽型企业

> 改革开放40年的实践启示我们：创新是改革开放的生命。实践发展永无止境，解放思想永无止境。
>
> ——2018年12月18日，习近平在庆祝改革开放40周年大会上的讲话

建设平台型企业

综合服务平台
实现内外部服务资源与服务需求高效对接，促进电网业务升级。

能源配置平台
建设大电网、培育大市场，促进能源电力资源大范围优化配置。

新业务新业态新模式发展平台
开辟新领域新市场，打造能源互联网产业集群。

建设共享型企业

引领行业生态进化

履行社会责任、经济责任和政治责任，实现产业上下游、中小微企业共同发展。

完善电力市场体系，扩大用户选择权，形成有效竞争的市场格局。

投资开放　**市场开放**

发展混合所有制经济，推进投资主体多元化。

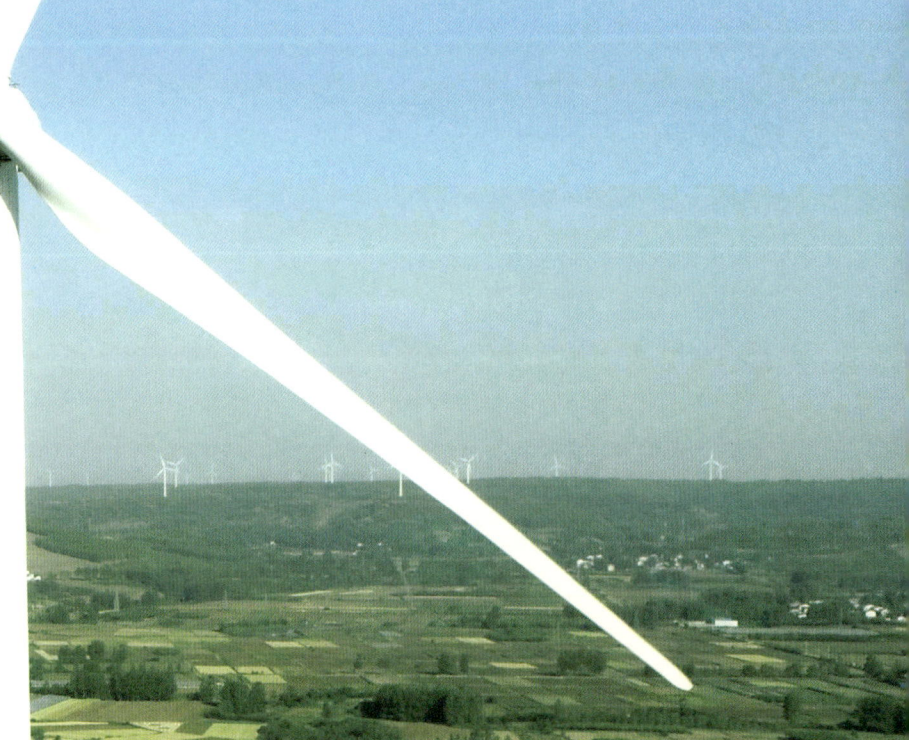

建设坚强智能电网

现代（智慧）供应链体系
"智慧采购""数字物流""全景质控"三大业务。电网装备迈向中高端，支撑坚强智能电网高质量发展。

电网能源资源配置和智能化水平
构建以特高压和超高压为骨干网架，各级电网协调发展的坚强智能电网。

强化电网安全运营管理
深化大电网特性研究；
深化设备全寿命周期管理；
强化技术监督和运行维护；
实施十大安全重点工程。

> 创新发展、新旧动能转换，是我们能否过坎的关键。要坚持把发展基点放在创新上，发挥我国社会主义制度能够集中力量办大事的制度优势，大力培育创新优势企业，塑造更多依靠创新驱动、更多发挥先发优势的引领型发展。
> ——2018年6月14日，习近平在济南考察浪潮集团高端容错计算机生产基地时指出

建设泛在电力物联网

构建能源互联网发展生态圈

- 电力系统各环节万物互联、人机交互
- 推进能源流、业务流、数据流集成融合
- 状态全面感知、信息高效处理、应用便捷灵活
- 泛在电力物联网 → 推动电网与互联网深度融合
- 对内实现"数据一个源、电网一张图、业务一条线"
- 促进企业管理提升和业务转型
- 对外实现客户服务统一入口、一网通办、全程透明

加快构建智慧能源综合服务平台，与地方政府、企业、用户互利合作，共同推进电力市场建设、清洁能源消纳。

加强与新经济和互联网企业合作，积极参与新能源、智能制造、智能家居、智慧城市等新兴业务领域开拓建设。

拓展新兴业务

大力发展综合能源服务、电动汽车、电子商务、智能芯片、储能等新兴业务。推动公司通信光纤网络、无线专网和电力杆塔商业化运营，利用变电站资源建设运营充换电（储能）站和数据中心站新模式。

强化党建引领

充分发挥党的创造力、凝聚力、战斗力和国企党建独特优势，促进党的领导与现代企业治理有机融合，以一流党建引领保障一流企业建设，真正把国有企业党建优势转化为创新优势、竞争优势和发展优势。

- 夯实党组织基础增强党组织凝聚力和战斗力
- 实施国家电网有限公司党的建设"旗帜领航，三年登高"计划
- 学习贯彻习近平新时代中国特色社会主义思想
- 推进学习教育常态化、制度化
- 打造科学完善的党建工作体系
- 推动公司巡视工作不断规范化、制度化
- 提高群团工作水平

实施质量变革

增供扩销 降本增效
- 积极开拓市场，提高公司收入
- 狠挖经营潜力，加强台区治理，努力降低线损
- 推进多维精益管理变革，强化精准投资
- 牢固树立过紧日子思想，压降非生产性支出

优化营商环境
- 推广大中型企业"三省"、小微企业"三零"服务模式
- 实现个人办电业务一网通办、一证通办、一次都不跑
- 强化专业协同，简化业务流程，提高响应速度，压减接电时间，压降成本，巩固提升我国"获得电力"指标排名

服务脱贫攻坚和乡村振兴战略
- 落实中央精准脱贫部署，实施十大行动计划
- 完成"三区两州"和中西部贫困地区任务，做好易地扶贫搬迁配套电网建设，助力"四县一区"脱贫摘帽
- 实施乡村电气化提升工程，打造一批惠农富民示范项目

稳步开展国际化业务
- 积极参与"一带一路"能源基础设施建设，稳步推进与周边国家电网互联互通
- 发挥境外投资平台作用，稳健参与优质资产并购、绿地项目开发、工程总承包等国际竞争
- 加强境外资产风险管控，提升业务盈利能力

提升产业金融业务绩效
- 优化装备制造业产业布局，去低端、提中端、创高端
- 加大资本统筹运作力度，优化资本布局和结构，提升资本运营效益
- 深化产融协同，提升金融单位服务主业能力、盈利能力、抗风险能力和市场竞争力

> "面对日益激烈的国际竞争，我们必须把创新摆在国家发展全局的核心位置，不断推进理论创新、制度创新、科技创新、文化创新等各方面创新。
> ——2016年4月26日，习近平在主持召开知识分子、劳动模范、青年代表座谈会时指出

实施效率变革

加强社会责任管理和品牌建设

建立完善社会责任管理体系，强化信息披露和利益相关方沟通，提升企业综合价值创造能力。构建具有"三型两网"特征、引领能源互联网发展的品牌建设体系，打造全球知名品牌，加强海外传播，向世界展示企业良好形象。

助力打赢蓝天保卫战

贯彻落实国家能源战略，积极服务新能源发展，在新能源并网容量快速增长情况下，提升新能源利用率。积极推动燃煤自备电厂、煤锅（窑）炉清洁替代，长江流域港口岸电全覆盖，北方地区重点区域"煤改电"工作，服务绿色发展和美丽中国建设。

深化电力体制改革

加快全国统一电力市场建设，统筹省间交易与省内交易、中长期交易与现货交易、市场交易与电网运营，释放更多改革红利。推动交易机构规范独立运作，为电力市场建设运营提供支撑服务。

加快混合所有制改革

推动公司深化改革十大举措落地见效，在特高压直流输电、增量配电、综合能源服务、抽水蓄能、通用航空、金融等领域，积极吸引社会投资，加快企业经营机制转化，放大国有资本功能。落实国资委"双百行动"综合试点要求，打造改革尖兵和创新高地。

构建全要素生产率评价模型

按照高质量发展要求，主动适应电力监管新模式，在央企率先研究构建符合我国电网企业实际的全要素生产率评价模型，并逐步应用到投资管理、业绩考核、对标管理、国际业务开拓，为打造国际一流管理水平发挥牵引和促进作用。

> 世界每时每刻都在发生变化，中国也每时每刻都在发生变化，我们必须在理论上跟上时代，不断认识规律，不断推进理论创新、实践创新、制度创新、文化创新以及其他各方面创新。
>
> ——2017年10月18日，习近平在中国共产党第十九次全国代表大会上的报告

管理创新工作指引

[实施动力变革]

全面推进"放管服"改革

下发"放管服"清单，构建与"三型两网"相适应的企业管理新模式。统筹处理好放、管、服关系，坚持放管结合、管服互融、放服并进，充分释放基层活力，提高业务效能和工作质量。

强化干部担当作为

建设忠诚干净担当的高素质专业化干部队伍。在市场化和新兴业务类单位探索职业经理人制度。

深化"三项制度"改革

畅通职工职业发展通道，促进管理人员能上能下、员工能进能出。完善考核激励机制，开展岗位分红、项目收益分红、股权激励等中长期激励，激发核心骨干、专家人才创新活力。

深化科研管理改革

创新科研项目立项机制，赋予科研机构和科研人员更大自主权。健全重大项目联合攻关机制，加强内外部科研资源统筹。积极参与国家标准和国际标准制定，加快形成一批能源互联网领域的国家标准和国际标准，深化国家双创示范基地建设，健全成果转化收益分享机制，激发科研创新活力。

深入推进可持续性管理

紧密将可持续发展目标与"三型两网、世界一流"战略相融合，以理论创新为先导，以指标体系为牵引，以业务融合为抓手，以示范项目为重点，构建与公司新战略相适应的可持续性管理体系，形成推进可持续发展的国际引领。

5 公司管理创新工作体系

"一主线三层次"框架模型

公司管理创新体系以公司"三型两网、世界一流"战略目标为主线,分为**战略引领层、实践实施层、运行管理层**。

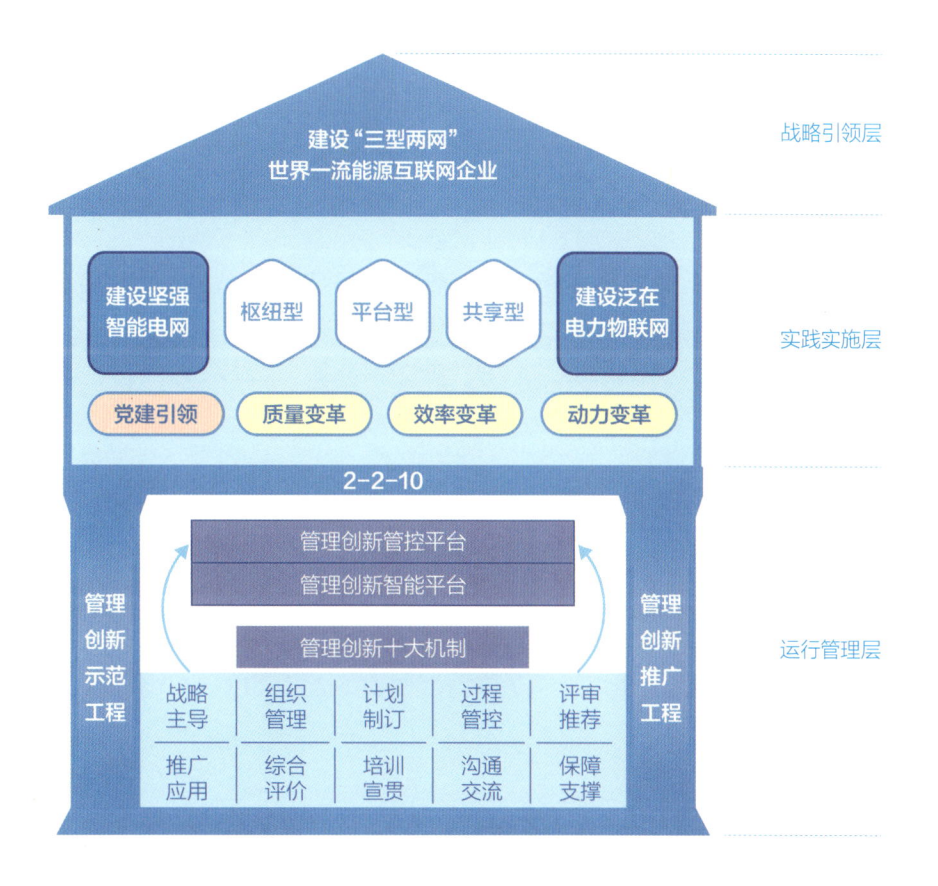

```
                    建设"三型两网"
                  世界一流能源互联网企业                    战略引领层

    建设坚强    枢纽型   平台型   共享型   建设泛在
    智能电网                              电力物联网         实践实施层

    党建引领   质量变革   效率变革   动力变革

                        2-2-10

              管理创新管控平台
  管理                                              管理
  创新          管理创新智能平台                     创新
  示范                                              推广         运行管理层
  工程          管理创新十大机制                     工程

    战略    组织    计划    过程    评审
    主导    管理    制订    管控    推荐

    推广    综合    培训    沟通    保障
    应用    评价    宣贯    交流    支撑
```

> 我们必须把发展基点放在创新上,通过创新培育发展新动力、塑造更多发挥先发优势的引领型发展,做到人有我有、人有我强、人强我优。
> ——2016年1月18日,在省部级主要领导干部学习贯彻十八届五中全会精神专题研讨班开班式上的讲话

管控模式

管理创新实行"2-2-10"管控模式

"2-2-10"是指"两大工程""两个平台""十大机制"

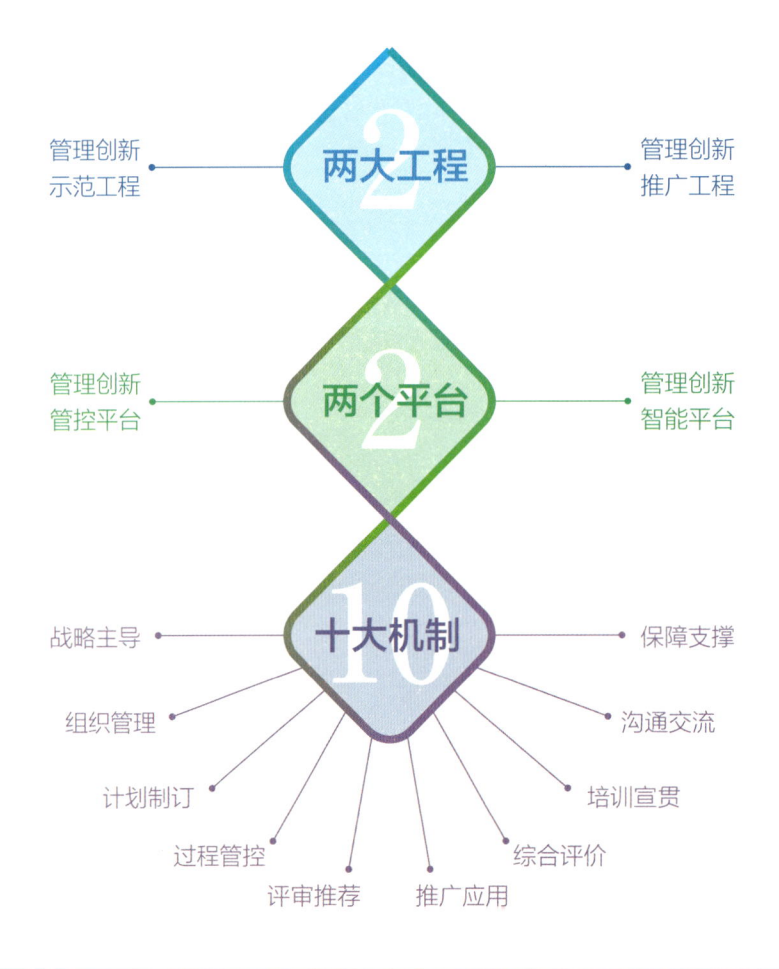

两大工程（2）
- 管理创新示范工程
- 管理创新推广工程

两个平台（2）
- 管理创新管控平台
- 管理创新智能平台

十大机制（10）
- 战略主导
- 组织管理
- 计划制订
- 过程管控
- 评审推荐
- 推广应用
- 综合评价
- 培训宣贯
- 沟通交流
- 保障支撑

> 我们要把完善和发展中国特色社会主义制度、推进国家治理体系和治理能力现代化作为全面深化改革的总目标，勇于推进理论创新、实践创新、制度创新以及其他各方面创新，让制度更加成熟定型，让发展更有质量，让治理更有水平，让人民更有获得感。
>
> ——2016年7月1日，习近平在庆祝中国共产党成立95周年大会上的讲话

实施路径

以创新驱动为核心理念,以"激发活力、资源共享、交互融合"为主要原则,以管理创新示范工程、管理创新推广工程、管理创新管控平台、管理创新智能平台为主要内容,以"聚合性、交互性、协同性"为主要特点。

倡导创新理念,鼓励创新实践,积极营造勇于创新、善于创新的良好氛围,使管理创新真正成为促进公司高质量发展的动力和源泉。

瞄准战略重点,围绕"三型两网、世界一流"建设重点领域,实施示范工程,培育成果精品,树立典型经验,发挥示范引领作用;实施推广工程,实现成果充分及时共享,最大程度发挥成果价值。

关注管理前沿,引进、消化和吸收先进管理理论、方法工具,构建符合"三型两网、世界一流"要求的创新模式,实现创新驱动公司发展。

应用信息技术,将数字化建设与管理创新工作深度融合,促进项目流程无缝集成、创新主体有效沟通、工作水平不断提升。

管理创新示范工程

定位 围绕公司战略目标,矢志不移地推进管理创新,实施管理创新示范工程,以科学实践引领公司高质量发展,为企业可持续发展提供不竭动力。

> **管理创新示范工程**
> 贯彻中央决策部署,落实国资国企、电力体制改革要求,运用现代管理学理论,推动解决"三型两网、世界一流"建设中关键性问题,在企业制度、管理理念、管理方式等方面的创新,对公司创新发展具有决定性作用,在实施过程中涉及诸多系统、诸多管理层次、诸多生产经营要素的重大管理创新实践。

思路 紧紧围绕"三型两网、世界一流"战略目标,全面贯彻发展战略和重点工作部署,加强全过程管理,构建常态机制,全方面、多层次推进管理创新活动,打造精品成果,推动公司管理水平提升,促进公司卓越管理品牌建设,为公司高质量发展提供管理支撑。

原则 坚持管理创新融入管理实践,围绕公司重点工作,开展管理创新,使管理创新实践效果和管理创新理论成果有机统一。

> " 坚持与时俱进、创新发展。
> 用创新增添文明发展动力、激活文明进步的源头活水,不断创造出跨越时空、富有永恒魅力的文明成果。
> ——2019年5月15日,习近平在亚洲文明对话大会开幕式上的主旨演讲 "

管理创新示范工程作用

实施管理创新示范工程，服务"三型两网"世界一流能源互联网企业建设。各部门、各单位紧密围绕公司战略，结合重点工作，组织实施管理创新示范工程，为公司管理创新树立榜样和样板，引领公司管理创新方向，服务公司高质量发展。

明确管理创新重点领域，探索公司管理创新基本方法、管理工具、管理途径积累经验。实施管理创新工程，不断完善管理创新计划管理、项目管控、总结提炼、成效评估、推广应用、持续改进等工作机制，指导公司管理创新实践。

积极探索员工广泛参与创新的途径和方式，让每名职工都参与到管理创新实践中来，营造尊重知识、尊重劳动、尊重人才、尊重创造的浓厚氛围，激发职工中蕴藏的创新精神和潜能，引导好、发挥好、维护好广大职工的工作热情和创造活力，建设创新型企业。

- 引领公司管理创新实践
- 构建管理创新实践机制
- 营造管理创新氛围
- 总结管理创新经验
- 推动公司管理提升

围绕重点领域，运用先进的管理理念和方法，全方位推进管理创新实践。总结提炼公司管理创新的经验和成果，把丰富的、具体的管理实践升华为理性的、具有普遍指导意义的管理理念和管理规律。

推进公司发展方式向依靠科技进步、劳动者素质提高、管理创新转变，将实施管理创新工程，全面推进管理创新作为全面管理提升的重要内容，进一步增强公司内在质素和综合实力。

管理创新推广工程

定位 全面系统推进管理创新成果的推广应用工作,构建符合公司实际的管理创新成果推广模式。

> 管理创新推广工程
>
> 以近年来公司优秀管理创新成果为载体,深化成果落地,扩大成果共享范围,增强管理创新成果推广实效,实现管理创新成果价值最大化。

思路 以促进创新成果价值最大化为目标,以促使管理创新各要素的协调为手段,通过有效的机制、方法和工具,实现管理创新成果推广应用目标。

原则 将管理创新成果推广应用作为管理创新体系框架的重要组成部分,不断丰富和发展公司管理创新体系。

聚焦管理创新成果后续研究、挖掘、推广、转化、应用,实现管理创新成果更广泛的适用范围和更深厚的价值内涵。

> 创新就是生产力,企业赖之以强,国家赖之以盛。
> ——2019年4月26日,习近平在第二届"一带一路"国际合作高峰论坛开幕式上的主旨演讲

营造创新氛围

营造创新成果推广氛围，积极倡导和宣扬创新成果，促进创新成果推广的理念深入根植。借鉴国内外企业成功经验，围绕现代经营理念和公司发展战略，引入新的管理模式，开阔创新推广参与者视野，拓展创新推广思路。

创新推广模式

根据创新成果推广实际和要求，合理设计并创新组织形式，形成成果推广的良好组织基础。各部门、各单位是成果推广的责任主体，要将优秀管理创新成果推广作为重点工作之一，试点推广与全面推行相结合、典型经验与最佳实践相结合，增强管理创新成果推广的专业参与力度，引领专业领域管理创新成果推广实践。

成果生成 → 成果推广

创新生成 ⇄ 创新推广

促进各创新力量协同配合，各创新要素的集约管理、各创新资源的合理配置。

创新链

加强过程管控

对管理规范和业务流程进行梳理和动态调整，使成果推广适应客观实际和工作需要。各创新主体发挥自身职能，不断探索成果推广的新思路、新方法。加强管理创新成果推广应用的计划性，从水平、能力、效益、效率等方面加强成果推广过程管控，增强管理创新成果推广实效。

重视保障支撑

通过资源配置，将公司内部资源进行整合，使各种资源在激励、约束、保障等各种职能中切实发挥作用，为成果推广应用提供保障。营造外部支撑环境，通过政府、院校、机构、媒体、社团的广泛参与，促进创新主体的能力提高，扩大创新主体的能力边界，通过创新成果的推广应用，最大限度发挥创新主体的创新能力。

管理创新管控平台

基于"沟通·传递·分享·协作"的原则,以激发全员创新活力为核心,以过程监督、全面沟通、任务协同、信息传播、资源链接、知识共享为支撑,搭建企业管理创新管控平台。

管理创新智能平台

应用大数据、人工智能等互联网新技术,将创新成果拆分为条款级,适配流程、岗位,构建知识图谱,使创新成果成为多维度、智能化的业务管理资源,与员工形成动态感知、按需使用、快速响应、友好互动和辅助决策的良性管理生态,通过文本分析与知识图谱有效执行和智能管理,保障公司依法治企、能力建设和可持续发展。

创新成果智能管理体系应用

工作机制

战略主导

以公司发展战略为依据和出发点，强化创新与战略的关联互动，形成公司整体框架内全要素、全员、全时空创新活动的全面性安排，实现核心竞争力持续提升。引入战略主导的管理创新技术分析方法，结合内外部创新环境确定公司创新方向。

```
                    "三型两网"战略
        ┌───────────────┴───────────────┐
    外部环境扫描                      内部环境扫描
        ↓                                ↓
  确认外部创新影响变量              企业核心创新力分析
                                (关键资源、内部创新要素、核心创新能力、持续性创新能力)
        ↓                                ↓
  外部创新要素分析    利益相关方需求与期望    内部创新要素分析
                          ↓
                    创新要素分析
设计创新策略方案  拟定创新指导思想    创新SWOT分析   构造并明确企业创新的优势、劣势、机会、威胁
构建创新情景    创新可实现性      创新方案预评估    创新序列
                          创新方案筛选      应急创新方案    备用创新方案
                      创新方案的优化组合
```

实施以战略为主导的管理创新是一项系统性工作，引导各创新主体以更加宽广的视野谋划和推进创新，找准定位，明确方向，激荡创新源头活水，推动创新与公司发展的深度融合。围绕发展战略确定创新方向，以核心业务的管理创新实践为载体，凝聚力量，营造氛围，形成管理创新合力。

组织管理

公司管理创新工作按照"统一领导、分层组织、系统部署、统一标准"的原则开展。总部负责管理创新战略制订、全局性方向把握；省公司负责项目管控、统筹省内创新资源，突出战略执行和省级创新平台建设支撑；直属单位负责细化服务支撑、业务创新支撑、业务模式创新。

领导小组
- 由公司领导和各部门负责人组成。
- 研究审议公司企业管理创新发展战略。
- 决策部署公司管理创新工作重大事项。

评审委员会
- 由总部各部门负责人、有关单位负责人、知名管理专家组成。
- 负责评审确定公司管理创新项目计划及管理创新成果。

国网企协
- 归口管理公司管理创新工作。
- 制订年度管理创新意见、计划，组织管理创新项目实施、成果评审。

各部门
- 申报、实施本专业管理创新项目，总结提炼管理创新成果，推广本专业管理创新成果。

基层单位
- 按照公司统一部署，均成立了本单位管理创新工作领导小组、管理创新评审委员会。

计划制订

统筹创新发展需要与现实能力、长远目标与近期工作，鼓励各级人员积极参与创新立项，促进战略目标与创新选择有机统一、高度融合。

建立层级精益、维度全面的创新计划制订机制，将公司战略目标逐级分解，转化为各专业创新目标，确保目标一致、权责分明、相互配合。

将所确立的创新点引入创新矩阵，根据战略重要性和实施复杂性两个维度确立创新性质，分为**重大创新**、**重要创新**、**一般创新**、**储备创新**。

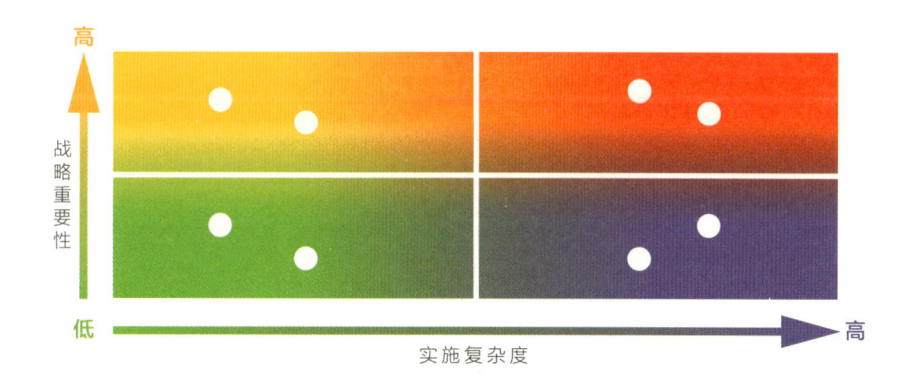

● **重大创新**是指对推动公司发展战略、管理变革和提升效益有重大支撑，解决公司管理的深层次、总体性问题，对公司创新发展具有全局性的推动作用，在实施过程中涉及较多管理层次、较多管理要素的创新。

● **重要创新**是指解决公司管理某专业领域的主要问题，具有应用性创新作用，在实施过程中需要某个子系统或某个层次的协同管理的创新。

● **一般创新**是指解决某一管理问题，具有单一的突破性创新作用，在实施过程中需要某个控制点、某个管理环节协同的创新。

● **储备创新**是指目前暂不具备条件开展的创新方向，可作为培育，进行前期准备工作。同时根据战略的不断发展变化，自身创新能力的提升，储备创新可以随主客观条件的变化向其他类型创新转化。

以项目形式固化创新点，开展创新项目的立项。

一是
符合党和国家有关方针、政策，能源发展战略和总体规划，公司发展战略目标。

二是
在促进企业改革发展、提升公司经营管理水平方面有较高的应用价值，对企业经营管理实践具有重要参考意义、较强引导作用、广泛兼容性和可推广性。

各部门、各单位结合战略分析和工作实际确定管理创新项目。各级归口部门组织项目立项评价，确定管理创新项目，制订年度管理创新项目计划。

项目立项评价指标分为：

筛选型指标	竞争型指标	参考型指标
（项目必要性、项目可行性）	（项目效益性、项目风险性）	（项目完成情况、项目推荐排序）

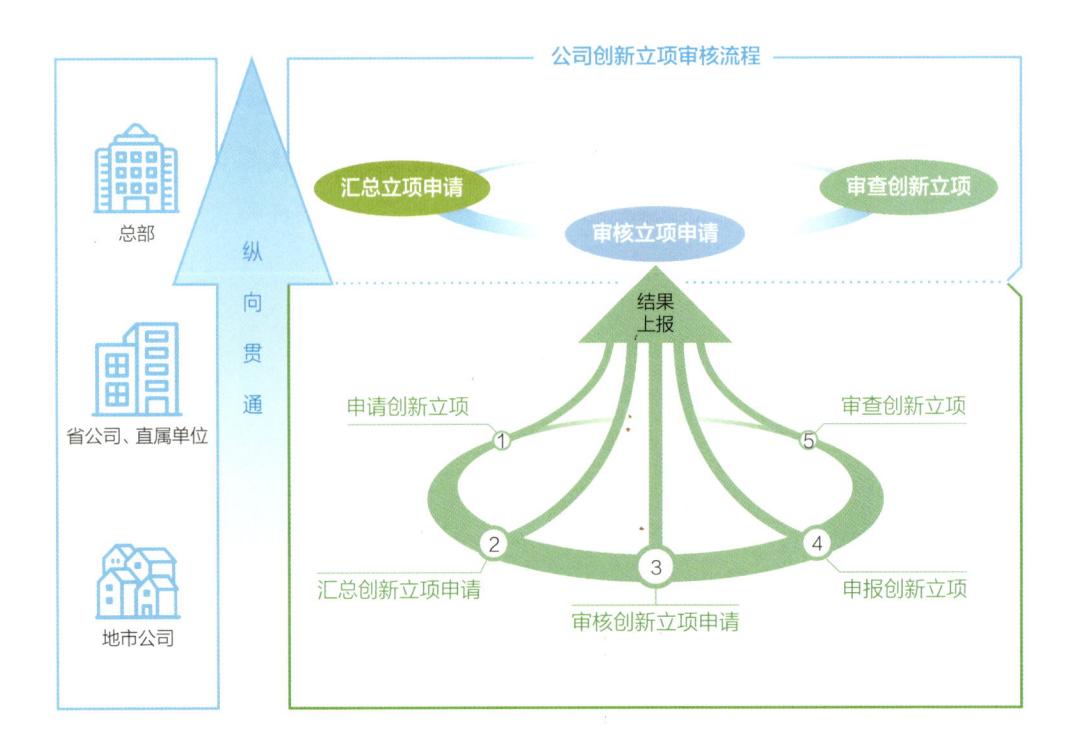

公司创新立项审核流程

- 总部 — 汇总立项申请 — 审查创新立项
- 省公司、直属单位 — 审核立项申请
- 地市公司

纵向贯通

1. 申请创新立项
2. 汇总创新立项申请
3. 审核创新立项申请
4. 申报创新立项
5. 审查创新立项

结果上报

过程管控

采用项目组合管理的方式,通过设定优先级的方式,精确判断交付能力,并监控项目成果的实现,驱动价值的创造与传递。

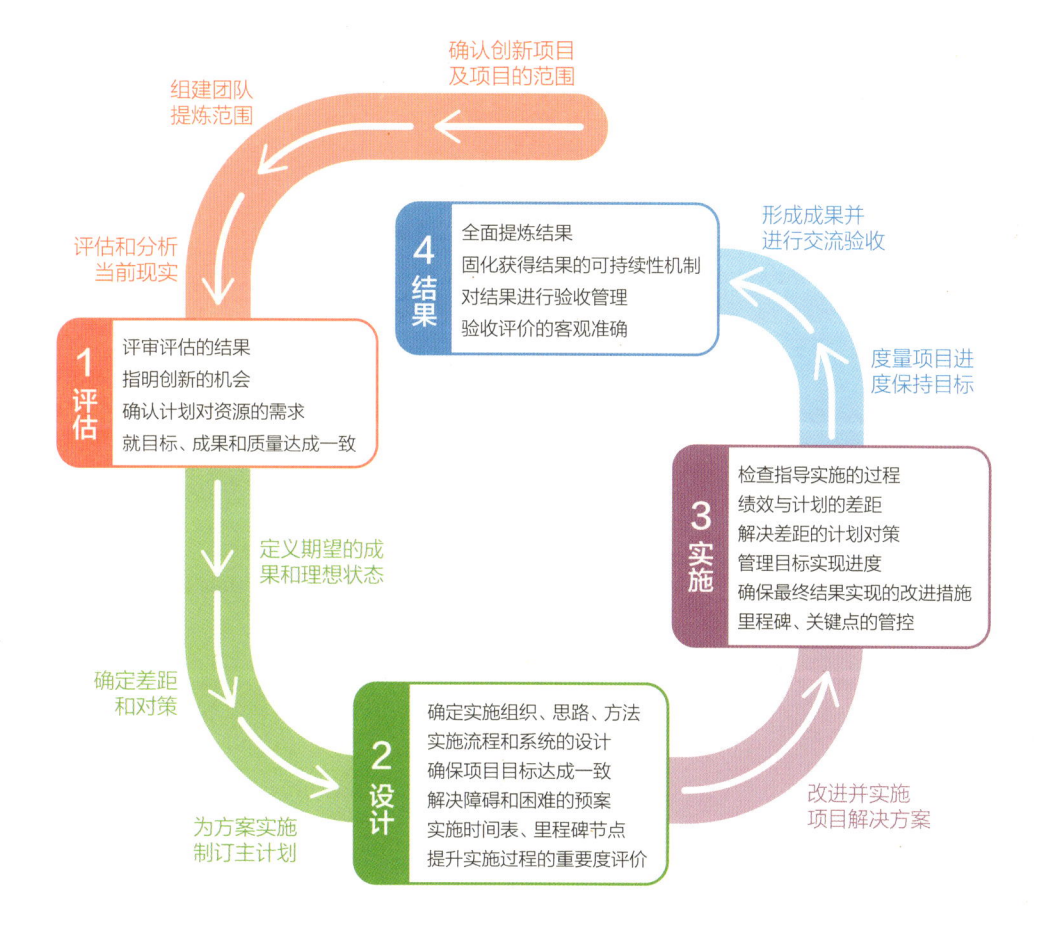

确认创新项目及项目的范围

组建团队
提炼范围

评估和分析
当前现实

1 评估
- 评审评估的结果
- 指明创新的机会
- 确认计划对资源的需求
- 就目标、成果和质量达成一致

4 结果
- 全面提炼结果
- 固化获得结果的可持续性机制
- 对结果进行验收管理
- 验收评价的客观准确

形成成果并进行交流验收

度量项目进度保持目标

3 实施
- 检查指导实施的过程
- 绩效与计划的差距
- 解决差距的计划对策
- 管理目标实现进度
- 确保最终结果实现的改进措施
- 里程碑、关键点的管控

定义期望的成果和理想状态

确定差距和对策

2 设计
- 确定实施组织、思路、方法
- 实施流程和系统的设计
- 确保项目目标达成一致
- 解决障碍和困难的预案
- 实施时间表、里程碑节点
- 提升实施过程的重要度评价

为方案实施制订主计划

改进并实施项目解决方案

> 适应和引领经济发展新常态,推进供给侧结构性改革,根本要靠创新。
> ——2017年3月,习近平在参加十二届全国人大五次会议上海代表团审议时的讲话

评审推荐

设立评审委员会、专家评审组、评审办公室三级评审机构。

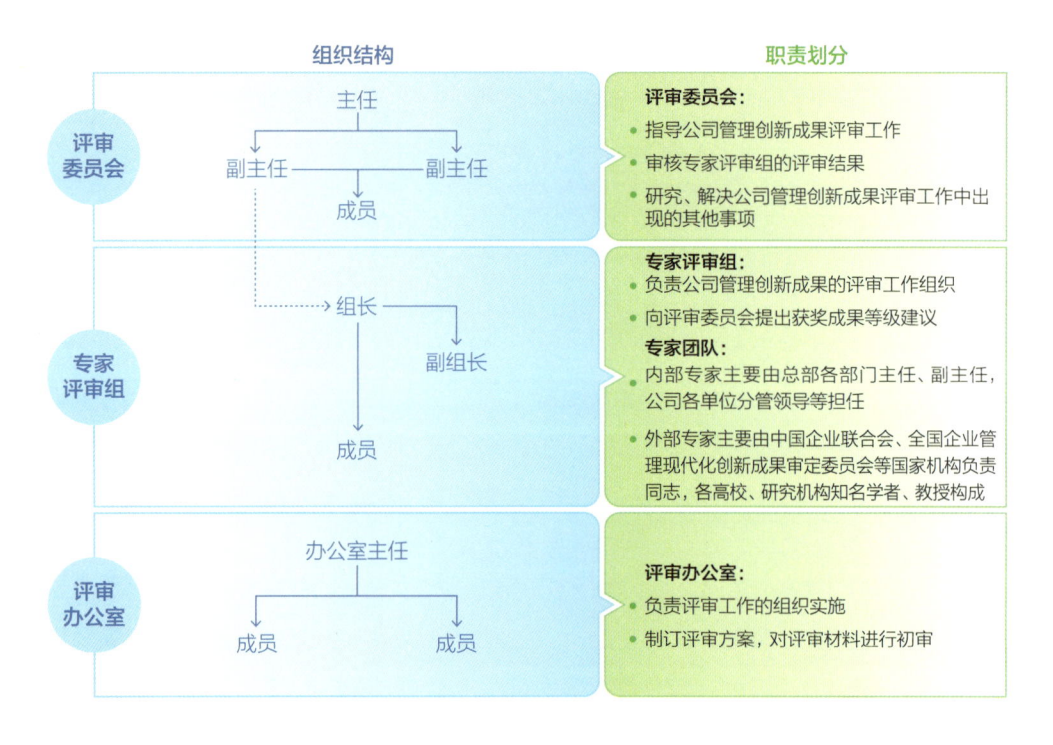

组织结构

- 评审委员会：主任 → 副主任、副主任 → 成员
- 专家评审组：组长、副组长 → 成员
- 评审办公室：办公室主任 → 成员、成员

职责划分

评审委员会：
- 指导公司管理创新成果评审工作
- 审核专家评审组的评审结果
- 研究、解决公司管理创新成果评审工作中出现的其他事项

专家评审组：
- 负责公司管理创新成果的评审工作组织
- 向评审委员会提出获奖成果等级建议

专家团队：
- 内部专家主要由总部各部门主任、副主任，公司各单位分管领导等担任
- 外部专家主要由中国企业联合会、全国企业管理现代化创新成果审定委员会等国家机构负责同志，各高校、研究机构知名学者、教授构成

评审办公室：
- 负责评审工作的组织实施
- 制订评审方案，对评审材料进行初审

成果初审　根据公司管理创新评价机制的要求，设置管理创新成果初审标准及评价指标体系。初审标准为否决性，即遴选出符合管理创新成果基本属性，内容客观、结果真实、方向正确、条件成熟的管理创新成果进入下一阶段评审。

专家评审　专家评审采取分组评审方式进行，内部专家现场集中分组打分，外部专家在线分组打分，提出获奖成果等级建议名单。

综合审定　公司评审委员会根据专家评审组的建议，召开综合审定会议，确定年度公司管理创新成果获奖等级名单，客观、公正、全面总结评价公司年度优秀管理创新成果。

评分标准 根据国家和行业管理创新成果评审办法，结合公司实际，公司管理创新成果按百分制对"管理创新示范工程""管理创新推广工程"设定评分标准。

创新性
- **创新性质**：率先发现问题，借鉴先进管理理论、方法和经验，提出解决问题的途径和手段，填补公司管理领域空白
- **创新水平**：与公司、行业、国内、国际范围比较，具有先进性
- **项目规模**：对企业发展有全局性的推动作用，在实施过程中涉及多系统、多层级、多要素的总体性项目

科学性
- **创新领域**：符合公司战略发展要求
- **科学价值**：具有理论价值，符合管理学基本原理，遵循企业管理一般规律
- **推理分析**：内容翔实、逻辑清晰、实施过程严谨得当

实践性
- **实践检验**：经过实践检验，真实反映企业在管理活动中已进行的成功实践
- **符合法规**：经过实际应用，符合国家法规、政策
- **切实有效**：符合公司管理规定，切实解决企业管理中的问题
- **正向促进**：经过科学评估、测定与计算，提升企业管理水平

推广性
- **导向正确**：成果在公司范围内的导向性
- **实操性强**：在推广过程中的可操作性
- **改进空间**：项目是否具有持续提升空间
- **推广价值**：成果适用领域、范围，应用前景
- **借鉴作用**：对于公司系统其他企业管理、基础管理工作借鉴作用

示范性
- **示范引领**：在管理学理论、公司创新实践领域具有先导引领作用
- **准确规范**：命题准确、结构合理、文字规范

效益性
- **效益显著**：取得社会效益、生态效益、经济效益
- **佐证充分**：所取得效益佐证材料客观翔实

管理创新成果推广评价

推广能力
- **参与程度**：成果推广过程参与程度深
- **辐射范围**：成果推广辐射范围广、参与人员构成多元化
- **支撑能力**：推广过程资源投入、硬件条件支持
- **环境营造**：促进推广环境营造、提升参与者的认同度、正向激励等相关措施

推广效率
- **成果利用**：对原有管理创新成果的利用程度
- **成果推广**：对原有管理创新成果的推广幅度、推广范围
- **推广速度**：在有限时间范围内，创新成果推广速度
- **推广难度**：对于推广过程中面临困难所采取的措施

推广水平
- **先进程度**：选题符合客观实际、推广后取得效益水平较高
- **推广水平**：推广手段可操作性强、现代化程度高
- **标准化程度**：可形成标准化的推广手段、方法
- **逻辑清晰**：逻辑清晰、实施过程严谨得当

推广效果
- **经济效益**：对经营效益产生的正面影响
- **社会效益**：对社会产生的正面影响，如公众反映、社会评价等
- **管理效益**：对管理水平、执行力、制度建设、体系建设的正面效益
- **生态效益**：遵循生态规律、符合绿色能源发展理念

创新能力可持续性评价
- **体制机制**：推广过程中组织建设、体系建设的完整性、创新性
- **推广进度**：推广项目计划进度、阶段目标完成情况
- **方法手段**：推广手段与方式的可持续性评价
- **再创新性**：对原有成果的升华、再创新性评价

优秀成果按照《国家电网有限公司管理创新工作管理办法》要求，向中国企业联合会、中国电力企业联合会进行推荐。

推广应用

建立"四化两库两平台"

多角度、全方位宣传并推广公司范围内的优秀管理创新成果。

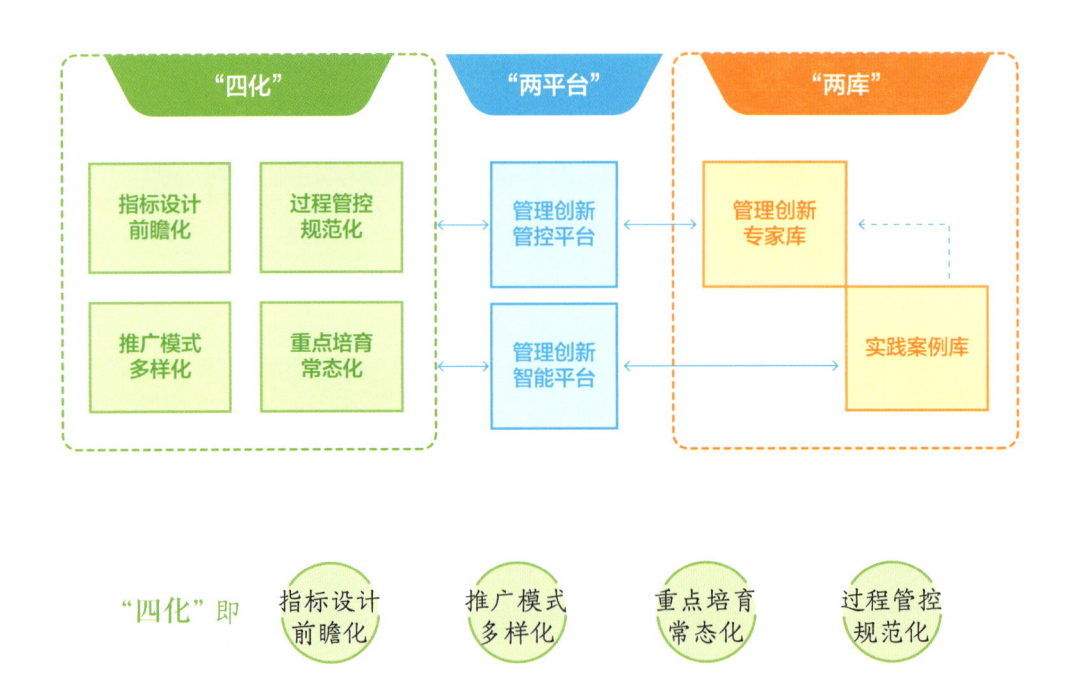

"四化"：指标设计前瞻化、过程管控规范化、推广模式多样化、重点培育常态化

"两平台"：管理创新管控平台、管理创新智能平台

"两库"：管理创新专家库、实践案例库

"四化"即 指标设计前瞻化、推广模式多样化、重点培育常态化、过程管控规范化

指标设计前瞻化。建立创新成果评审指标体系，在成果评审指标期间就对其推广的价值和可能性进行前瞻性的分析，规避风险、挖掘潜力。

推广模式多样化。利用多种手段推广公司管理创新优秀成果。定期召开成果交流发布会、表彰会议，通过会议交流学习与现场考察等方式，取长补短、相得益彰。

重点培育常态化。公司按照集团化运作要求，建立优秀成果推荐机制，加强管理创新成果对外报奖管理。

过程管控规范化。开展管理创新优秀成果的汇编、入库、刊载等基础性活动，积极开展成果现场交流、发布与表彰，参评全国电力行业优秀成果，开展全国现代化管理创新成果的评选，制订下一年度管理创新工作计划，制订申报当年公司优秀创新成果的参评项目方案。

管理创新工作指引

"两库"即：**管理创新专家库**、**实践案例库**

管理创新专家库，定期更新有关信息，积极探索专家库与管理创新内训师、诊断师相结合的机制。

实践案例库，将公司优秀管理创新成果利用信息化手段进行共享，编制年度管理创新成果集，为开展管理创新成果转化应用工作奠定重要基础。

"两平台"即：通过信息化支撑，建设管理创新管控平台和管理创新智能平台

将平台作为宏观、微观机制建设的重要基础。管控平台实现过程监督、全面沟通与任务协同。智能平台实现创新成果的智能管理与应用。

通过实施管理创新推广工程，按照"纵横联合、共享深化"的原则，深化创新成果的应用推广。

纵向：公司统一牵头，对与公司整体发展相关的管理创新成果有计划、有组织地转化，实施统一的领导和调控。

横向：成果推广应用的供求双方，在平等互利、相互自愿的基础上完成的转化。

共享：成果转化主体根据自身发展需要，将公司系统内外管理创新成果进行移植，取长补短，促进自身发展的同时，通过推广创造出新的经验和做法。

深化：成果创造单位继续深化实施自身创造的优秀成果，丰富创新成果的内涵，积累更多的实践经验，更好地指导自身实践，使创新成果焕发出更大的价值和活力。

综合评价

将管理创新纳入"企业负责人业绩年度考核""对标"工作进行评价。

一是 载体作用
通过开展管理创新工作评价，有效提高管理创新工作实效。

二是 导向作用
引导各单位按照公司管理创新工作思路开展相关工作，紧密契合公司发展。

三是 激励作用
通过开展管理创新工作评价，增强外部动力，营造内部争先氛围。

四是 抓手作用
通过对各单位管理创新工作的分析，查找问题，提出改进措施，促进工作水平提升。

培训宣贯

建立培训宣贯体系，将整体培训与个别指导相结合，将理论培训与案例指导相结合，将专家培训与实际操作相结合，构建立体化管理创新培训宣贯机制，实现创新理念、创新意识、创新方法、创新手段、创新实践、创新总结各环节能力的全面提升。

组织管理创新专业知识和技能培训，提升企业管理创新的组织、策划、实施、提炼、应用"五项能力"，构建以培训组织、培训师资、培训课程、业务管理、效果评价、创新传播等为主体，集约高效、体系完整、标准统一、特色鲜明的管理创新培训体系。

管理创新培训体系：培训组织、培训师资、培训课程、业务管理、效果评价、创新传播（集约高效、体系完整、标准统一、特色鲜明）

构建培训组织 实现优质培训资源整合	开展培训专家库建设 规范培训人员资质	统一开发和评审 实现培训课程全流程管理
加强培训业务管理 实现培训标准化	开展培训效果评估 确保培训质量持续提升	推动文化传播机制创新 促进创新文化有效落地

提升培训管理效能和信息化水平

> " 发展是第一要务，人才是第一资源，创新是第一动力。中国如果不走创新驱动道路，新旧动能不能顺利转换，是不可能真正强大起来的，只能是大而不强。
> ——2018年3月7日，习近平在参加十三届全国人大一次会议广东代表团的审议时指出 "

46

沟通交流

实施开放式管理创新，发展以企业为主体，多方参与的管理创新模式，整合企业内外部资源，实现管理创新效益最大化。

沟通交流

- 在政策上支持企业管理创新工作，奖励在管理创新领域取得重大成果的企业和个人，组织创新成果的推广和交流。
- 借助学术机构力量，将企业实践的经验提升为管理理论，同时将管理理论反哺管理实践。
- 与社团组织保持紧密联系，广泛凝聚创新力量，推动企业管理创新。
- 广泛开展媒体宣传，充分利用现代新媒体发布企业信息，报道企业典型，搭建企业平台，推广创新经验。
- 注重发挥咨询机构作用，用专业化的管理工具、方法、制定实用的流程、制度、标准体系，通过在理论和实践的两岸搭建便捷桥梁，加速创新进程。

> 要坚持科技创新和制度创新"双轮驱动"，以问题为导向，以需求为牵引，在实践载体、制度安排、政策保障、环境营造上下功夫，在创新主体、创新基础、创新资源、创新环境等方面持续用力，强化国家战略科技力量，提升国家创新体系整体能效。
> ——2018年5月28日，习近平在中国科学院第十九次院士大会、中国工程院第十四次院士大会上的讲话

保障支撑

保障支撑机制是管理创新工作规范、高效运转的制度保证。保障支撑机制由组织保障、能力保障、资源保障、信息保障、激励保障五部分组成。各项保障措施通过流程制度建设进行固化。

组织保障　能力保障　资源保障　信息保障　激励保障

保障支撑机制

创新文化　持续提升

流程体系梳理　制度标准建设

综合运用多种保障　　不断完善保障措施　　保障工作制度化　　信息化支撑

> " 要着力实施创新驱动发展战略，抓住了创新，就抓住了牵动经济社会发展全局的"牛鼻子"。
> ——2016年1月，习近平在省部级主要领导干部学习贯彻十八届五中全会精神专题研讨班开班式上的讲话 "

48

6 问题解答

以改革创新精神奋力推进"三型两网、世界一流"建设的前提是什么

准确理解"三型两网、世界一流"与"四个革命、一个合作"的关系，是以改革创新精神奋力推进"三型两网、世界一流"建设的重要前提。

习近平总书记提出的"四个革命、一个合作"能源安全新战略，是新时代指导我国能源转型发展的行动纲领。作为保障国家能源安全、参与全球市场竞争的"国家队"，公司年初明确提出了"三型两网、世界一流"战略目标。保障能源电力安全可靠供应，以优质高效的服务满足经济社会发展和人民美好生活用能需要，是公司的根本任务，也是公司建设"三型两网"的出发点和落脚点。

从学习贯彻习近平新时代中国特色社会主义思想、落实"四个革命、一个合作"能源安全新战略的高度来认识公司发展新战略，对发挥好央企"国家队"和"大国重器"作用，实现基业长青具有十分重要的意义。

以改革创新精神奋力推进"三型两网、世界一流"建设的关键是什么

以改革创新精神奋力推进"三型两网、世界一流"建设的关键是要科学把握能源互联网的三个重要属性，即产业属性、网络属性、社会属性。

立足产业属性就是要突出主业，充分发挥电网在连接电力供需、促进多能转换、构建现代能源体系中的枢纽作用，实现传统企业向现代企业的转型升级。推进坚强智能电网和泛在电力物联网融合发展，促进能源流、业务流、数据流"多流合一"，实现传统电网向能源互联网的转型跨越。

立足网络属性就是要创造需求，按照"三个领军""三个领先""三个典范"标准，坚持目标导向和问题导向，对标对表，突出标志性成果、突出综合改革，明确重点，精准发力，推动电网功能、业务、管理全面升级，实现客户参与度、满意度、获得感持续提升。

立足社会属性就是要引领需求，坚持以新思维推进新战略，牢固树立互联网思维，在资源共享、业务协同、迭代创新上下功夫。坚持以客户为中心，以满足各层需求为导向，上下游产业链企业加强对接，打造利益共同体，构建优势互补、互利共赢的良好生态，实现"满足需求""创造需求"到"引领需求"的转变。

50

如何理解创新是引领企业发展的第一动力

企业是创新的主体。企业加快转型升级，实现高质量发展，要以创新驱动作为核心动力。实施创新驱动发展战略不仅是国家的战略要求，也是企业自身的内在需求。面对扑面而来的新科技革命浪潮、复杂多变的宏观形势和日趋激烈的市场竞争，企业唯有坚定不移走创新驱动、转型发展之路，才能勇立潮头、基业长青；唯有始终保持创新创业激情，锲而不舍，才能不断增强企业创新创造能力，努力实现新的跨越，努力实现从"要我创新"到"我要创新"的转变。归根结底，创新已经成为企业发展的第一内生动力。

管理创新的意义是什么

管理创新是企业管理的重要内容，管理创新是事关公司发展全局性、根本性和基础性的工作，是一项长期的战略性任务。管理创新是推动企业瘦身健体、提质增效的根本途径，是夯实企业发展基础，发展核心竞争力，推进公司科学发展的重要举措，是公司激发员工活力，提升工作绩效，提高创新能力，建设"三型两网、世界一流"能源互联网企业的重要保证。

管理创新主要包含哪几个方面

提出一种新的经营理念并有效实施，创设一个新的组织结构并有效运转，提出一种新的管理方法，设计一种新的管理模式，进行一项管理制度创新。

开展管理创新的条件有哪些

创新意识、创新能力、基础条件、创新氛围、企业特点、创新目标。

如何理解创新合力

创新是具有战略性、全局性的系统工程，需要把创新放到公司发展战略全局中系统思考和研究，综合运用各种管理手段，正确处理好局部与整体、个人与团队、决策与执行、理论与实践的关系；需要协调好各方力量，调动各方资源；既要有顶层设计，更离不开基层推动，需要各层级、各部门配套联动，齐抓共管，形成合力。

什么是问题导向

管理问题是指企业经营管理活动中的"现有状态"与"期望状态"之间的差距，或者说，就是"管理现状"与"管理目标"之间的差距，"是什么"和"应该是什么"之间的差距。问题导向就是以发现和提出问题为工作起点，以解决和回答问题为工作目标。问题是时代的声音，是发展中各种矛盾的集中体现，实践发展永无止境，矛盾运动永无止境，旧的问题解决了，又会产生新的问题，只有树立强烈的问题导向意识，才能实事求是地对待问题，求真务实地解决问题。

坚持问题导向在管理创新中的作用是什么

坚持问题导向,科学分析问题,深入研究问题,弄清问题性质,找到症结所在,能够帮助我们找到管理创新中的主要矛盾,具体问题具体分析,透过现象看本质,把握其内在规律。问题分析、研究得越透彻,解决起来就越有针对性。所以,问题导向有利于抓住管理创新的核心,找准解决问题方法,有效提升管理水平。

如何加强管理创新的组织领导

要建立"一把手抓、抓一把手"的常态机制,强化"一把手"推进管理创新的责任意识,加强对管理创新工作的领导,定期听取进展情况,及时掌握并研究解决管理创新实施过程中遇到的问题,建立"统筹管理、层层负责"的运行机制,抓好部署推进、策划协调、实施操作各环节工作。

在管理创新中企协的作用是什么

企协作为公司管理创新的归口部门,桥梁纽带,有责任、有义务将公司党组关于创新驱动战略的要求有效准确传递,将创新驱动发展的指导思想转化为管理创新的生动实践。建立基础研究、信息通报、辅导支持、宣传交流、推广应用等工作机制,强化各专业系统,加强管理上互联互通,取长补短、及时掌握工作进展,协调解决创新推进过程中的难点。

专业管理如何在精准创新中发挥作用

专业化管理对创新有举足轻重的作用，专业部门最清楚班组工作的职责和流程，最掌握各单位专业的管理水平，最了解专业需求。各单位希望了解各专业管理要求，盼望得到专业指导和帮助。加强专业化管理，要把服务基层，服务创新放在首要位置，既要增加有用功，又要避免无用功。

企协如何发挥自身作用提升管理创新工作价值

坚持协同创新理念，发挥好管理组织协调、联系沟通的优势，将沟通作为协作共赢的基础，加强交流，增进共识，促进携手并进。坚持服务创新理念，积极搭建好平台，善于统筹各方资源，整合各方力量，形成推进工作的合力。坚持开放创新理念，以更高站位、更开放心态思考管理创新工作，从整体角度把握，紧紧围绕大局，主动分忧解难，实现各方共赢发展的良性循环。

实现管理创新的前提是什么

管理创新的前提是思维的创新。恩格斯把"思维着的精神"誉为"地球上最美的花朵"。通过不断总结思维规律，从而形成了解决问题、辨别真伪、开拓创新的思维知识体系。创新思维就是在社会实践中不断地产生新的思想、新的理念、新的追求、新的行为和行动。

如何树立系统思维

管理创新是一项系统工程，需要顶层设计和整体谋划，离不开各部门、各单位共同参与，齐抓共管。管理创新的实施谋划要立足全局、着眼长远、兼顾各方，制订的措施、提出的要求要符合实际，切实可行，经得住时间的检验，要注意分类分级，科学统筹，明确各创新主体该重点抓什么，怎么抓，做到协同配合、相得益彰、形成闭环。要注意把握力度和节奏，抓抓关键环节和重要节点，既要发挥创新的加速器作用，也要稳扎稳打，确保取得实效。

实现管理创新的关键是什么

提升人的创新能力是实现管理创新的关键所在，着力培养一批敢于并善于创新的人才队伍，着力造就一批具有前沿领先水平的管理团队。组织好岗位练兵、技术比武和各种形式劳动竞赛，建设具有一流职业素养、一流业务技能、一流工作作风、一流岗位业绩的高素质职工队伍。

管理创新如何齐抓共管

管理创新要继续搭建好平台，对各专业实施中需要统筹、协同的具体工作，要做好沟通协调，提高专业管理之间的耦合度，提供好支持保障。各专业也要主动换位思考，站在其他专业角度思考，站在基层角度思考，出台的每一项措施，要能够促进管理提升，服务基层创新，实现互利共赢，最大程度发挥创新价值。

如何树立精准创新思维

精准的前提，是对问题的把握。进一步强化问题导向，紧紧抓住主要矛盾与核心问题，找到创新"靶心"，在关键点上出实招，从解决一个个具体问题入手，积跬步成千里，积小胜为大胜。精准的关键是夯实基础，注重细节。顶层设计不能仅有原则框架，还要有具体举措，不掩盖回避问题，实打实地做好实实在在的事。严格标准，严格规范，每一个细节都要考虑周到，避免"失之毫厘，谬以千里"。

如何在管理创新实践中有效培育和发挥好创新文化的作用

创新文化的实质是解放思想，培育创新文化首先要推进观念创新，树立强烈的发展意识、创新意识、开放意识，大力倡导敢为人先、勇于竞争、宽容失败的创新精神。创新文化归根结底来自创新实践，应从政策层面，营造支持创新、保护创新、鼓励创新的良好环境，完善创新的激励机制，努力创造有利于创新发展、多出精品、多出人才的体制机制，鼓励广大干部员工迸发创新激情、倾注创新热情，投入创新感情，形成人人创新、全员创新的良好氛围。